Couverture
Henri de Toulouse-Lautrec,
***La Modiste, Mlle Louise Blouet d'Enguin*, 1900.**
Huile sur bois, 61 × 49,3 cm.
Albi, musée Toulouse-Lautrec.

Illustrations
Adrien Parlange

DADA
N°176

TOULOUSE- EC

L'ART EN SPECTACLE

6 LES RÉPÉTITIONS D'UN JEUNE ARTISTE
par Sandrine Adnrews

10 MONTMARTRE, UN NOUVEAU THÉÂTRE
par Émilie Martin-Neute

14 DANS LA TROUPE DE LAUTREC
par Clémence Simon

18 PENDANT CE TEMPS-LÀ, DANS LE PUBLIC
par Clémence Simon

22 ENTRACTE : TOUT LAUTREC EN UNE ŒUVRE
par Émilie Martin-Neute

24 DANS LES COULISSES DE L'ARTISTE
par Sandrine Adnrews

28 L'ART DE LA RÉCLAME
par Émilie Martin-Neute

32 ABCD'ART
par Éloi Rousseau

SPECT'ATELIERS

36 DU DOUBLE JEU AU DOUBLE JE
par le Service des publics du mTL

38 UN PORTRAIT DANS L'HUILE
par Sonja de Monchy - Artaloca

ARTUALITÉS

LE TOUR DU MONDE DES MUSÉES :
LE MUSÉE TOULOUSE-LAUTREC.

42 BD - LA PETITE HISTOIRE DU MUSÉE TOULOUSE-LAUTREC
par Marion Tigréat et Stéphane Loignon

44 JEU - JEU DE MAIN
par Kiki

46 EXPOSITIONS, LIVRES ET WEB
par Stéphane Loignon et Léa Navarro

L'ART EN SPECTACLE

LES RÉPÉTITIONS

D'UN JEUNE ARTISTE

Avec un tel nom, pas de doute : Henri de Toulouse-Lautrec est issu d'une famille noble. Il aurait pu devenir officier comme son père, mais il tombe gravement malade. Il choisit donc la peinture, et répète, répète, pour devenir un grand artiste…

PETIT BIJOU DEVIENDRA MICHEL-ANGE

Né en 1864 à Albi, c'est tout juste si Henri de Toulouse-Lautrec n'entre pas en scène à cheval avec un crayon dans la main ! Car dans la famille, l'équitation et les beaux-arts sont des activités que l'on pratique dès le plus jeune âge. Baptisé affectueusement « petit bijou » par sa mère, Toulouse-Lautrec fait la fierté de ses parents : il est joyeux, intelligent. Dès l'âge de quatre ans, au baptême de son petit frère, Henri signe le registre en dessinant un bœuf. En grandissant, il couvre ses cahiers d'écolier, ses lettres et les marges de ses livres de chevaux, de chiens et de dessins humoristiques. Ses oncles et son père l'encouragent puisqu'ils peignent et sculptent pour occuper leur temps. Comme le dit sa grand-mère paternelle : « Si mes fils tuent une bécasse, elle leur donne trois plaisirs : le coup de fusil, le coup de crayon et le coup de fourchette. »

Henri de Toulouse-Lautrec, *Cavalier et chien*, 1875-1878. Encre noire à la plume, 11 x 9,5 cm. Albi, musée Toulouse-Lautrec.

DE LA TRAGÉDIE À LA COMÉDIE

Mais le jeune Henri est atteint d'une maladie génétique terrible, au nom encore plus inquiétant : la pycnodysostose, qui fragilise ses os. À l'âge de 14 et 15 ans, il se brise deux fois les jambes ; celles-ci ne grandiront plus et garderont une taille d'enfant. Il ne peut plus monter à cheval, ni participer à la chasse, et encore moins aller au bal avec les jeunes gens de son milieu. Une tragédie ? Non, il garde sa bonne humeur et emploie son temps à dessiner et à peindre tout ce qui l'entoure. Il représente ici son père, l'original de la famille, à la manière d'Eugène Delacroix, c'est-à-dire en laissant la couleur dominer le dessin. C'est René Princeteau, peintre animalier et ami de la famille, qui l'aide à répéter et perfectionner sa technique.

COURS ACADÉMIQUES

En 1882, il est accepté à Paris dans l'atelier du peintre académique Léon Bonnat, héritier du grand Ingres, même si le maître trouve son dessin « atroce » ! Avec lui, il travaille en observant des gravures, des plâtres, mais aussi des modèles vivants. C'est un professeur sévère mais Lautrec apprécie « ses coups de fouet » qui l'obligent à se dépasser. De cette période date son autoportrait en contrejour, où il se dépeint devant le miroir d'une cheminée. Il a 16 ans mais en paraît plus. C'est que, comme il le faisait pour ses chevaux, le jeune peintre se représente avec une touche épaisse et sombre. Sur cet unique autoportrait de face, il paraît triste.

Henri de Toulouse-Lautrec, *Henri de Toulouse-Lautrec*, 1880. Huile sur carton, 40,3 x 32,4 cm. Albi, musée Toulouse-Lautrec.

Henri de Toulouse-Lautrec, *Le Comte Alphonse de Toulouse-Lautrec*, 1881. Huile sur bois, 23,4 x 14 cm. Albi, musée Toulouse-Lautrec.

Peut-être qu'il se regarde maintenant tel qu'il est : il ne rit plus, on ressent son immense mélancolie devant son apparence. Dorénavant, il préférera se caricaturer ou, comme d'autres artistes de sa génération, se faire prendre en photo déguisé en enfant de chœur, en samouraï ou en clown !

DANS LA TROUPE IMPRESSIONNISTE ?

Quand Bonnat est nommé professeur à l'École des beaux-arts et ferme son atelier privé, Lautrec déménage pour l'atelier du peintre Fernand Cormon, où il fait ses gammes pendant cinq ans. Il travaille le matin à l'atelier et, l'après-midi, en plein air avec son ami Henri Rachou, ou il visite les salons, les expositions et observe le travail des impressionnistes. De retour pour l'été 1883 dans le sud, il peint le jeune Routy, fils d'un ouvrier agricole qui travaille pour sa famille, en train de tailler une branche. C'est une composition originale et l'un de ses rares portraits avec un paysage : le premier plan est brossé rapidement, l'horizon surélevé et la silhouette des arbres découpés sur le ciel rappellent les estampes du Japon. Regardez comme sa palette s'est éclaircie, son pinceau est plus léger et la lumière vient du fond de la toile, qu'il n'a pas recouverte partout. Voici notre Toulouse-Lautrec qui répète avec les impressionnistes !

Anonyme, *Toulouse-Lautrec en Japonais et louchant*, vers 1892. Photographie. Albi, musée Toulouse-Lautrec.

Henri de Toulouse-Lautrec, *Le Jeune Routy à Céleyran*, 1882.
Huile sur toile, 60 x 49 cm.
Albi, musée Toulouse-Lautrec.

Henri de Toulouse-Lautrec, *La Blanchisseuse*, 1885.
Huile sur bois, 23,9 x 16,7 cm.
Albi, musée Toulouse-Lautrec.

À LA RECHERCHE DE LA NOUVELLE STAR

En 1884, il veut vivre sa vie et faire la fête. Il s'installe à Montmartre, dans le même immeuble qu'Edgar Degas, un des artistes qui l'influencera le plus. Il découvre dans ce quartier une tête en or, une jeune femme aux cheveux roux qu'il trouve « bath », c'est-à-dire belle dans l'argot de l'époque. C'est Carmen Gaudin, une jeune ouvrière. Elle devient sa star, sans vêtements de scène, sans accessoire, vêtue d'un simple chemisier blanc et mal coiffée. Il ne l'idéalise pas, et s'intéresse à son air farouche, presque renfrogné. Lautrec accentue seulement l'effet orangé de ses cheveux en laissant apparent, à la base du tableau, le bois sur lequel il peint. Comme si déjà la lumière de la scène venait l'éclairer ! Toulouse-Lautrec brûle d'envie d'être audacieux et a déjà une préférence pour les rousses. Il est fin prêt à présenter ses nouveaux numéros, enfin… sa nouvelle manière de peindre.

Sandrine Andrews

MONTMARTRE, UN NOUVEAU THÉÂTRE

Au début des années 1880, Toulouse-Lautrec investit la butte Montmartre, sur les hauteurs de la capitale. Ce nouveau décor est pour lui une source d'inspiration sans fin. Tous en scène !

TROIS COUPS
DE BÂTON...

Si vous passez par Montmartre, vous y verrez un moulin à vent, le Moulin de la Galette. À la fin du XIXe siècle, c'était une guinguette : un établissement mi-restaurant, mi-salle de bal populaire. Très à la mode dans la capitale, on y mange et on y danse joyeusement. C'est là que Toulouse-Lautrec rencontre beaucoup d'artistes, les impressionnistes notamment. Il croise aussi des modèles professionnels ou amateurs, qui sont venus chercher sur la butte un logement moins cher et de quoi s'amuser facilement. Lorsqu'il peint le Moulin en 1889, lè jeune artiste connaît probablement l'image qu'en a donnée Renoir en 1876. La version de Toulouse-Lautrec est une scène d'intérieur. Aucune fenêtre ne permet de voir le ciel au-dehors, mais on devine que si les gens dansent à l'abri, c'est qu'il ne doit pas faire bien chaud. Les manteaux de ces messieurs et les lourdes robes des dames confirment que l'automne n'est pas loin. Au premier plan, trois jeunes filles attendent qu'on les aborde. Ces personnages sont les plus aboutis de la toile : voyez le ruban rouge dans les cheveux de la jeune fille du milieu, ou le chignon relevé de la femme rousse. Tout les isole du reste de la foule colorée et sautillante, et notamment cette grande diagonale vide qui les sépare de la piste. Ainsi, Lautrec traduit aussi bien l'ambiance survoltée de la guinguette, que le calme de ceux qui participent de loin à la fête. En quelques coups de crayon et de hachures colorées, celui qui passe ses journées à croquer la vie montmartroise nous offre l'atmosphère du Moulin dans toutes ses nuances.

Henri de Toulouse-Lautrec, *Bal du Moulin de la Galette*, 1889.
Huile sur toile, 88,5 x 101,3 cm.
Chicago, The Art Institute of Chicago.

Henri de Toulouse-Lautrec, *Chocolat Dansant*, 1896.
Peinture à l'essence, crayon bleu et Conté sur papier, 65 x 50 cm. Albi, musée Toulouse-Lautrec.

… ET ON LÈVE LE RIDEAU

Quand les Parisiens quittent la piste de danse, c'est pour rejoindre les cabarets et les théâtres. D'ailleurs, Lautrec vit surtout la nuit, quand tout est permis. Il y a plus de bruit, plus de filles, plus d'alcool aussi. Dans les bars, il retrouve ses amis peintres, comme Van Gogh, et boit souvent jusqu'à l'ivresse pour noyer sa mélancolie. Il ne s'intéresse pas au calme des paysages de plein air comme Monet : il préfère le vacarme des soirées sur la butte. Comme un reporter, il nous fait le compte-rendu de ce qu'il voit. Le décor : les cabarets et les music-halls. Les acteurs : les vedettes de Montmartre, qu'il découvre comme Degas avant lui. Les sujets : des scènes modernes, urbaines, toujours en intérieur. Il raconte tout cela avec précision, grâce à son dessin puissant.

Dans *Chocolat dansant dans un bar* (voir page 11), le jeune homme se donne en spectacle au son d'une harpe. Tout est esquissé, au point qu'on peut se demander si l'œuvre est vraiment achevée. En fait, comme pour mieux attirer notre attention, Toulouse-Lautrec n'a dessiné que quelques détails significatifs : le profil et la main de Chocolat, la harpe de son musicien, et le haut-de-forme d'un spectateur. Quelques touches de blanc pour relever le tout, et voilà ! Avec son trait si expressif, Toulouse-Lautrec restitue la souplesse du corps du danseur qui ondule si facilement. La cambrure d'un pied, la courbe d'une main, tout est dans le dessin.

Même principe avec Loïe Fuller. Cette danseuse américaine affole le music-hall des Folies-Bergères. Vêtue d'une ample robe aux manches surdimensionnées, elle y a glissé des tiges pour mieux agiter ses longs voiles transparents. Tandis qu'elle danse, on braque sur elle des rayons de lumières colorées : on dit d'elle qu'elle « sculpte la lumière » ! Toulouse-Lautrec est fasciné et, comme pour Chocolat, il suggère en quelques traits de couleur les mouvements virevoltants de son corps. Ça swingue, non ? Grâce à lui, on se croirait au spectacle.

Henri de Toulouse-Lautrec, *Au Cirque Fernando : l'écuyère*, 1888. Huile sur toile, 100,3 x 161,3 cm. Chicago, The Art Institute of Chicago.

UN DERNIER
TOUR DE PISTE

Changement de décor : à Paris, Lautrec découvre aussi l'univers du cirque. Il s'y rend souvent, et retrouve sous le chapiteau ses deux dadas : les chevaux de son enfance et l'ambiance colorée des nuits parisiennes. Sous les lumières artificielles, face aux visages maquillés des vedettes dans leurs costumes chamarrés, il aime se perdre dans le tourbillon du spectacle. Les acrobates, les écuyères et les clowns vont lui permettre d'utiliser des couleurs plus vives. Au cirque Fernando, les gradins sont tronqués, on aperçoit juste quelques spectateurs. Tout est fait pour que l'on se concentre sur le maître du cirque et sur la cavalière dont la jupe virevolte, emportée par son cheval. Comme pour le Moulin de la Galette, un grand vide sépare les personnages principaux du reste de la scène, pour les mettre davantage en valeur. Toulouse-Lautrec s'intéresse aussi aux autres formes d'art. En 1894, Siegfried Bing, un marchand d'art parisien, lui commande un carton qui doit servir de modèle à un vitrail. Ce sera *Papa Chrysanthème*, une autre scène de cirque. Comme dans ses toiles, les couleurs sont posées en aplat, et un trait fort les sépare. En regardant bien, on voit une femme, de dos, une partie de la piste avec une acrobate ou une danseuse, et plusieurs personnages dans le public. Avec Lautrec, homme ou femme, artiste ou anonyme, c'est tout Montmartre qui fait son show.

Émilie Martin-Neute

Henri de Toulouse-Lautrec et Tiffany Louis Comfort, *Au nouveau cirque, Papa Chrysanthème*, 1894-1895. Cabochon, vitrail, 120 x 85 cm. Paris, musée d'Orsay.

Henri de Toulouse-Lautrec, *La Loïe Fuller aux Folies-Bergères*, 1893. Huile sur carton, 63,2 x 45,3 cm. Albi, musée Toulouse-Lautrec.

DANS LA TROUPE DE LAUTREC

Mesdames, Messieurs, les enfants, le spectacle va commencer : flonflons et jupons froufroutants devant vos yeux ébahis ! Ne soyez pas surpris devant cette brochette de vedettes, c'est juste du Toulouse-Lautrec…

PORTRAIT DE FAMILLE

Sacré fêtard, ce Toulouse-Lautrec ! Remarquez, il joint l’utile à l’agréable : ses sorties dans Montmartre inspirent son travail. Dans les années 1880, la mode est aux cafés-concerts puis, un peu plus tard, aux bals. Riches, pauvres, tout le monde se mélange. En 1889 ouvre le fameux Moulin-Rouge. C’est là que se retrouvent tous les acteurs du petit théâtre de Lautrec. Faisons les présentations : au premier plan, la chanteuse May Milton arbore une bien mauvaise mine. L’éclairage au gaz joue des tours à son teint rose d’Anglaise, qui devient bleu ! Attablés, Pierre Sescau, photographe, et Maurice Guibert, ami du peintre. De dos, cette rousse flamboyante est certainement Jane Avril, danseuse. Tout au fond, la Goulue refait son légendaire chignon. Deux hommes passent : Toulouse-Lautrec s’est représenté, flanqué de son cousin, le docteur Tapié de Céleyran. Le peintre nous montre toute cette troupe un peu en retrait, par-dessus la balustrade : on embrasse ainsi toute la scène d’un coup d’œil. Et encore, vous n’avez pas rencontré tout le monde…

PLACE À LA STAR

Tenez, voici encore la Goulue qui force le passage. Louise Weber, de son vrai nom, est une ancienne blanchisseuse et un ex-modèle d’Auguste Renoir. Entre 1890 et 1895, c’est l’une des étoiles du Moulin-Rouge. Elle exécute le quadrille naturaliste, une sorte de french cancan. Quelle vedette ! Dans *La Goulue entrant au Moulin-Rouge*, elle est accompagnée par sa sœur et la Môme Fromage, autre danseuse du célèbre cabaret. Gare à celui qui leur barrera la route. Elle a l’air d’être un drôle d’oiseau :

décolleté plongeant et bouche en biais. Pas très avenante… Aurait-elle pris la grosse tête ? En tout cas, son emblématique chignon la fait ressembler à un point d’exclamation géant. Fidèle en amitié, Toulouse-Lautrec la suivra jusqu’à sa dégringolade : quelques années plus tard, il peint sa baraque de danseuse orientale à la Foire du Trône. Mais elle reste surtout dans les mémoires pour avoir inspiré au peintre certaines de ses œuvres les plus célèbres.

DE LA DYNAMITE !

Tout ça à cause d’un homme… L’histoire de Jane Avril commence un soir où un étudiant en médecine, dont elle s’est entichée, la fait danser en public sur la piste du bal Bullier. Là, la jeune fille à l’air maladif se métamorphose. Une énergie phénoménale l’anime, d’où son surnom : la Mélinite (d’après le nom d’un explosif plus puissant que la dynamite). Propulsée danseuse au Moulin-

Henri de Toulouse-Lautrec, *La Goulue entrant au Moulin-Rouge*, 1891-1892.
Peinture à l’essence sur carton, 79,4 x 59 cm.
New York, MoMA.

Henri de Toulouse-Lautrec, *Au Moulin-Rouge*, 1892-1893.
Huile sur toile, 123 x 141 cm.
Chicago, The Art Institute of Chicago.

Henri de Toulouse-Lautrec, *Jane Avril*, 1899.
Lithographie en quatre couleurs, 56 x 36 cm.
Albi, musée Toulouse-Lautrec.

Rouge, elle est réputée pour lever la jambe « comme une orchidée en délire ». Pas étonnant que Toulouse-Lautrec la représente en sinueuse charmeuse de serpent. Dans *Jane Avril*, le reptile n'est qu'un motif sur sa robe ; pourtant, il semble prêt à attaquer. Son corps se tord d'une étrange manière, à la limite de la contorsion. Cheveux, chapeau et bas de la robe flamboient, tel un brasier. L'hypnotisante Mélinite est-elle sur le point d'exploser, pour se lancer dans une danse folle ?

Sans mettre de GANTS

Encore une recrue du Moulin-Rouge. Oui, mais voilà, Yvette Guilbert n'est pas une sautillante danseuse : elle chante. Peut-être est-ce pour cela que son portrait semble plus statique, plus posé. Son attitude est théâtrale : visage tordu de mimiques, mouvements exagérés, c'est son métier de captiver le spectateur. Cette ancienne vendeuse et actrice s'est façonnée un personnage bien reconnaissable par le public, avec ses robes de satin vert et ses longs gants noirs. Attributs rapidement repris par un Toulouse-Lautrec impressionné, qui en fait l'un de ses personnages. Comme avec la Goulue et son chignon, Lautrec utilise toujours ces mêmes codes pour nous faire reconnaître Yvette Guilbert. Parfois, il va à l'essentiel et se contente de représenter les gants de la chanteuse, et puis c'est tout.

BRUANT, géant !

Ancien employé des chemins de fer, Aristide Bruant tente sa chance à Paris dans les cafés-concerts. Lautrec fait sa connaissance alors qu'il est le propriétaire du Mirliton, un café chantant. C'est d'ailleurs là qu'il a découvert la gouaille parisienne et qu'il est tombé amoureux de la vie nocturne. Son allure très caractéristique fait le bonheur de Lautrec. Un personnage à lui tout seul, ce Bruant. Le sourcil froncé et la pogne enserrant un bâton, il semble prêt à nous houspiller (ce qu'il avait l'habitude de faire au Mirliton). Le peintre retranscrit sa stature imposante grâce à de larges aplats de bleu. Sa mythique écharpe rouge vient enserrer le personnage tandis que son grand chapeau noir se découpe sur un vibrant fond jaune. Un personnage haut en couleur, à tous points de vue !

Clémence Simon

Henri de Toulouse-Lautrec, *Yvette Guilbert*, 1894.
Fusain rehaussé de peinture à l'essence sur papier bulle, 186 x 93 cm. Albi, musée Toulouse-Lautrec.

Henri de Toulouse-Lautrec, *Eldorado. Aristide Bruant dans son cabaret*, 1892.
Lithographie, 150 x 100 cm.
Albi, musée Toulouse-Lautrec.

PENDANT CE TEMPS-LÀ, DANS LE PUBLIC

Toulouse-Lautrec n'est pas seulement un habitué du french cancan. Il est aussi le roi des cancans ! Sa peinture est à l'image de Montmartre à la fin du XIXe siècle : un quartier hétéroclite, où se croisent toutes les classes sociales. Le voici en train de peindre son époque…

LAUTREC
IS WATCHING YOU

Le peintre a un goût prononcé pour les spectacles en tout genre. Mais il ne se contente pas de ce qui se passe sur scène. La vraie comédie ? Elle est dans la salle. À l'image de son cousin et acolyte, Tapié de Céleyran, qui se met sur son 31 pour assister à l'une des pièces à la mode. Ce portrait tient presque de la photographie, comme si Toulouse-Lautrec avait capturé un instantané de son cousin. Sa longue silhouette noire tranche avec le reste de l'environnement, composé de riches tons rouges et verts. Si Tapié de Céleyran ressemble à un héros mélancolique, d'autres personnages tiennent plutôt du bouffon. Les deux femmes de *La Loge au mascaron doré* illustrent bien le comique de caractère. Elles se trouvent dans une loge : *a priori*, elles ont donc de l'argent. Pourtant, alors qu'elles se pensent en hauteur et à l'abri des regards, Lautrec

Henri de Toulouse-Lautrec, *Le Docteur Gabriel Tapie de Céleyran*, 1894.
Huile sur toile, 110 x 56 cm.
Albi, musée Toulouse-Lautrec.

Henri de Toulouse-Lautrec, *La Loge au mascaron doré*, 1893. Lithographie, 30,7 x 24,1 cm.
Albi, musée Toulouse-Lautrec.

nous dévoile leur vrai visage. Il donne à la coiffure de la blonde la même forme que le rideau. L'air renfrogné, le menton en galoche, on dirait presque un homme. À croire qu'elle n'est pas vraiment à son aise. La rousse, elle, semble plus majestueuse. Avec ses vêtements noirs, elle se détache du fond et des teintes chaudes de la toile. Mais elle a une drôle d'allure : les plumes de son chapeau dressées comme un toupet, la bouche en cul de poule… Lautrec nous dirait-il qu'il s'agit d'une cocotte ?! Ces deux personnages ressemblent en fin de compte moins à des aristocrates qu'à des femmes entretenues en échange de leurs charmes.

LES PETITES FEMMES DE LAUTREC

Après avoir suffisamment fait la fête, le peintre se lasse un peu des lumières de Montmartre. Mais pas question de dormir pour autant. Il s'entiche d'un autre lieu « à la mode » : les maisons closes. Il décide d'y passer des semaines, voire des mois entiers. Drôle de lieu pour des vacances. Là où les autres hommes ne font que passer, il reste et observe. Brouilles, jalousies, ennui, il devient le témoin de ces étranges familles recomposées. Comme le Japonais Utamaro dans ses estampes, Toulouse-Lautrec représente la vie des courtisanes. C'est ce quotidien souvent ignoré qu'il dépeint dans *Au Salon de la rue des Moulins*. Les jeunes femmes patientent, le temps semble bien long. Le décor est riche : banquettes rouges, murs de miroirs, mais chacun sait qu'il ne s'agit là que d'une cage dorée. Leur visage est morne malgré leur maquillage. Elles cessent, l'espace d'un instant, de jouer leur rôle. Lautrec en profite pour saisir leur lassitude et leurs désillusions. Une des femmes relève sa chemise. Est-ce l'heure de la visite médicale ?

Henri de Toulouse-Lautrec, *Au Salon de la rue des Moulins*, 1894.
Huile sur toile, 115 x 132,5 cm. Albi, musée Toulouse-Lautrec.

ROYAL CANIN

Toulouse-Lautrec est un *serial* dessinateur. On le trouve partout, tout le temps, un crayon à la main. Comme le dit son ami Thadée Natanson : « À l'affût des proies, comme les oiseaux que son père dressait, Lautrec est perpétuellement en observation, la griffe prête à tout saisir. » On dirait bien qu'il a trouvé deux beaux oiseaux avec *Monsieur, Madame et le chien*. En lisant le titre, un brin pompeux, on s'attend à voir un couple d'aristocrates avec leur chien de chasse. En réalité, Toulouse-Lautrec s'amuse et nous offre tout le contraire. En quelques traits, il s'empare de la situation. On frise la caricature : Monsieur est effacé, le regard dans le vide. Pauvre bougre. À côté, sur le canapé, Madame ne lui prête aucune attention. C'est une matrone grasse, l'air peu aimable. En revanche, elle cajole un petit chien roux, logé dans sa grosse main. Il semblerait bien que l'animal ait pris la place du maître dans le cœur de Madame ! Grands bourgeois ou hommes du peuple, stars du spectacle ou prostituées, tout le monde a sa place dans l'univers de Lautrec.

Clémence Simon

Henri de Toulouse-Lautrec, *Monsieur, Madame et le chien*, 1893.
Huile sur toile, 48 x 60 cm.
Albi, musée Toulouse-Lautrec.

MON NOM EST PERSONNE

Nul besoin d'être une sulfureuse courtisane ou une bondissante star du Moulin-Rouge pour éveiller l'intérêt de Toulouse-Lautrec. Il suffit d'être une femme… de préférence à la chevelure flamboyante. Le but de l'artiste ? Coller au plus près à la réalité. Pour cela, il s'immisce dans le quotidien des blanchisseuses, modistes et autres femmes anonymes. Avec *À la toilette*, n'avez-vous pas l'impression de regarder par le trou de la serrure ? Ici, pas de manières ni de fausse coquetterie. Lautrec saisit un moment banal mais intime. La jeune fille est un peu avachie, les cheveux dans les yeux. Ils masquent son visage, elle pourrait être n'importe qui. Le peintre ne néglige pas pour autant la composition du tableau. Les teintes chaudes du miroir, de la boîte et des murs sont comme un rappel de cette longue crinière rousse. Elle n'est pas une déesse au bain, juste une femme comme les autres. Pourtant, cet instant volé reste un tendre hommage à la gent féminine.

Henri de Toulouse-Lautrec, *À la toilette*, 1898.
Huile sur toile, 60,8 x 49,6 cm.
Albi, musée Toulouse-Lautrec.

ENTRACTE

TOUT LAUTREC EN UNE ŒUVRE

En 1900, Toulouse-Lautrec est au sommet de sa carrière. Il peint cette *Modiste* qui résume bien les grands traits de son œuvre. Entrez doucement, pour ne pas la déranger…

LES TITIS DE PARIS

Quand Lautrec s'installe à Paris, on parle surtout des impressionnistes. Ils règnent sur Montmartre et la peinture d'avant-garde. Si le peintre d'Albi les fréquente, il préfère se rapprocher des membres les plus indépendants. Ce qu'il retient surtout de ces artistes modernes, c'est qu'ils choisissent des sujets nouveaux. Oui, Toulouse-Lautrec a commencé par des thèmes classiques, comme les chevaux ou les portraits de ses parents. Mais, happé par la vie parisienne, il s'est rapidement tourné vers le quotidien des petites gens. Pas étonnant alors qu'il décide, même des années plus tard, de réaliser le portrait d'une modiste, créatrice de chapeaux. Un métier souvent modeste, où l'on fait tout à la main et où l'on travaille tard dans sa boutique, comme la jeune fille ici. Lautrec a choisi comme titre *La Modiste*, et non « portrait de Louise Blouet d'Enguin ». Preuve que le métier de la jeune fille est le vrai sujet de la toile, davantage que sa personnalité.

OH LES FILLES, OH LES FILLES !

Toulouse-Lautrec est un homme à femmes. Toute sa vie, elles restent son sujet de prédilection. Comme Degas, il préfère les vedettes des cafés-concerts et les ouvrières de la butte, aux élégantes des beaux quartiers. Ici, la jeune modiste semble seule dans sa boutique. Le cadrage est resserré sur son buste. Les chapeaux créent différents plans, à l'avant et au fond, entre lesquels Toulouse-Lautrec a intercalé sa figure. Le tableau est très sombre, à l'exception du personnage. C'est que le rideau tiré au fond ne laisse entrer aucune lumière, et le seul éclairage artificiel provient sans doute de la table à laquelle elle travaille. Illuminée comme par magie, la jeune femme se démarque du reste de la toile. Elle attire naturellement tous les regards avec sa chevelure de feu et sa robe claire, telle une luciole dans la pénombre.

LIGNE CONDUCTRICE

La signature de Toulouse-Lautrec, c'est la ligne. Un trait simple, appuyé, qui sait où il va. *La Modiste* ne fait pas exception à la règle. C'est une huile sur toile et pourtant, au premier coup d'œil, on pourrait croire que c'est un pastel tant le trait est visible. Les lignes sinueuses et colorées sur les manches du vêtement ou dans la chevelure de la jeune femme ressemblent à des stries de crayons de couleurs. Toulouse-Lautrec joue sur une large gamme de teintes, en passant du blanc au jaune, puis au vert avec ses filaments bariolés. Cependant, le peintre a évolué par rapport à ses débuts. Approchez-vous : les contrastes de lumière sont plus forts qu'auparavant, l'œuvre est plus élaborée que les précédentes, et ce mystère qui règne autour de cette jeune femme… Qui sait ce que serait devenue sa peinture si expressive s'il n'était pas mort peu de temps après ? Après tout, en 1900, les fauves et l'expressionnisme ne sont pas loin…

Émilie Martin-Neute

Henri de Toulouse-Lautrec, *La Modiste, Mlle Louise Blouet d'Enguin*, 1900.
Huile sur bois, 61 x 49,3 cm.
Albi, musée Toulouse-Lautrec.

DANS LES COULISSES DE L'ARTISTE

Qu'y a-t-il derrière les toiles de Lautrec ? Du dessin, beaucoup de dessin. Équipé de son inséparable carnet, il croque toute la journée et une bonne partie de la nuit... Puis travaille ses toiles et ses lithographies dans son atelier.

BIEN AVANT LE LEVER DU RIDEAU...

Toulouse-Lautrec collectionne des centaines de petits dessins tirés de la rue, du bistrot, du cabaret, des escaliers, des gradins du cirque, des loges au théâtre... Partout où il se rend, il attrape au vol des tranches de vie qu'il transformera ensuite en tableau dans le calme de son atelier, ou en estampe avec l'aide de son lithographe. Cependant, il a aussi besoin de modèles, qui viennent prendre la pose chez lui. L'écrivain Paul Leclerc s'est ainsi rendu à plusieurs reprises dans l'atelier de l'artiste, rue Frochot. « Dès que j'arrivais, se souvient-il, il me demandait de prendre la pose dans un vaste fauteuil d'osier. [...] Après avoir bien vu ce qu'il voulait voir, il faisait sur sa toile quelques touches légères de peinture très délayée. Puis il reposait son pinceau et déclarait, péremptoire : "Assez travaillé. Fait trop beau !" Et nous allions, alors, nous promener dans le quartier. » Paul Leclerc n'a finalement posé que deux ou trois heures en tout ! Toulouse-Lautrec serait-il désinvolte ?

Henri de Toulouse-Lautrec, *Paul Leclerc, ami de l'artiste, fondateur de* La revue blanche, 1897.
Huile sur carton, 54 x 67 cm.
Paris, musée d'Orsay.

Non, au contraire : il semble travailler avec facilité mais, comme la Goulue ou Jane Avril pour leurs spectacles, il lui a fallu des heures d'entraînement avant de réussir un tableau aussi spontané.

DES CROQUIS À RÉPÉTITION

Toulouse-Lautrec peut travailler partout si le lieu l'inspire. En 1894, il s'installe au 24 de la rue des Moulins, au sein d'une… maison close. Il réalise quelques études des femmes qui y travaillent. Elles qui restent toujours dans l'ombre, il veut en faire des stars. Elles sont tellement motivées que certaines se laissent peindre pendant leurs jours de congé. Il dessine le beau profil de Mireille au crayon bleu sur une page de son carnet, puis accentue son contour et la maquille d'une petite touche de rouge sur ses lèvres. Ainsi, elle est parfaite ! Elle devient l'actrice centrale d'une composition plus grande, qui la représente avec ses amies. Pour reporter son visage sur la toile, Lautrec utilise un calque. Il réalise également des croquis du décor, des meubles, des jeunes femmes à l'arrière-plan. Une technique de travail qu'il a apprise dans sa jeunesse auprès de Bonnat et Cormon, pour construire des tableaux d'histoire. Mais, malgré cette élaboration très soigneuse, les deux œuvres *Au Salon de la rue des Moulins* (voir aussi page 20) ont gardé un caractère spontané. Les traits au fusain, par exemple, transparaissent sous l'huile très diluée. Pour l'une, il teste au pastel des tonalités froides mais vives ; pour l'autre, des couleurs chaudes, des roses et des rouges à l'huile, créant ainsi une lumière tamisée.

Henri de Toulouse-Lautrec, *Tête de femme, de profil à droite.*
Crayon Conté, sanguine, 15,2 x 23,1 cm.
Paris, musée d'Orsay, conservé au musée du Louvre.

Henri de Toulouse-Lautrec, *Au Salon de la rue des Moulins*, 1894.
Pastel, 111 x 132 cm.
Albi, musée Toulouse-Lautrec.

LES SECRETS DE L'ARTISTE

Comment réalise-t-il ses toiles alors ? Est-ce qu'il peint ? Est-ce qu'il dessine ? On a l'impression qu'il fait les deux à la fois… Lorsqu'il est sûr de sa main, il « dessine » avec son fusain et son pinceau trempé dans la peinture à l'huile. Sa recette ? Il dilue la peinture dans la térébenthine, pour la rendre plus liquide. Rapidement absorbées, les couleurs paraissent mates, et c'est pour cela que l'on croit distinguer des traits de pastel (voir page 20). Cette technique lui permet aussi de travailler plus vite et plus spontanément que s'il utilisait l'huile plus épaisse, qui sèche moins rapidement et qui demande d'être retravaillée à plusieurs heures d'intervalle. Certains diront qu'il devrait finir ses toiles. Mais comme chez Degas, ses hachures créent une vibration qui rend l'image plus vivante, comme si le modèle bougeait encore un peu. C'est magique !

QUAND L'AMOUR EST GRAVÉ DANS LA PIERRE

Parfois, à cinq heures du matin, Toulouse-Lautrec vient réveiller son lithographe pour aller dessiner directement sur la pierre. C'est qu'il a une nouvelle idole ! Il l'a croisée à bord du bateau qui les conduisait à Bordeaux, et elle lui a inspiré une affiche pour une exposition d'estampes. Sur le moment, il n'a pas osé l'approcher mais son ami l'a photographiée en cachette. Lautrec réalise un premier dessin à partir du cliché, en changeant ses vêtements et le décor, et le reproduit sur la pierre lithographique au crayon gras. Il passe ensuite de l'eau sur la pierre, puis une couche d'encre qui ne se dépose que sur les parties crayonnées et grasses car elles repoussent l'eau (tandis que le reste de la pierre calcaire, ayant absorbé l'eau, repousse l'encre). Une technique compliquée ? Non, c'est ensuite simplement cette partie encrée qui s'imprimera sur le papier. Mais Toulouse-Lautrec est un maître en la matière, et il n'hésite pas à multiplier les effets. Les lignes du chemisier sont dessinées au crayon ; le transat, la mer et les gants, au pinceau. Quant au ciel moucheté ? C'est un « crachis », que l'artiste obtient en frottant une brosse sur un tamis. Enfin, il utilise une pierre différente pour chaque couleur. Quel labeur et pourtant, Lautrec trouve la femme moins belle que sur la photo !

Sandrine Andrews

Anonyme, *La Passagère du 54*, vers 1895.
Photographie.
Albi, musée Toulouse-Lautrec.

Henri de Toulouse-Lautrec, *La Passagère du 54, promenade en yacht*, 1895.
Lithographie coloriée,
Londres, British Museum.

L'ART DE LA RÉCLAME

La réclame naît à la fin du XIXe siècle. Petits encarts ou grandes affiches, dans les journaux ou sur les murs de Paris, elle est partout. Et, grâce à Toulouse-Lautrec, au musée également.

QUAND LA SCÈNE DESCEND DANS LA RUE

La réclame, c'est par définition une création éphémère et populaire, accessible à tous, dans la rue généralement. Prenez les affiches : il suffit de se promener pour en admirer. Toulouse-Lautrec crée d'abord son « visuel » : il part en général d'une gravure qui est ensuite agrandie et tirée à plusieurs exemplaires. Mais l'artiste dispose de peu de moyens pour séduire le consommateur. Il faut accrocher l'œil du passant, et vite, si l'on veut que la réclame soit efficace. Pour y parvenir, Toulouse-Lautrec s'inspire des estampes japonaises : des formes simplifiées, peu de couleurs qu'il pose en aplat, et un trait ferme

pour cerner le tout. Quelle efficacité ! Même si nos affiches de spectacle sont aujourd'hui créées à partir de photos, beaucoup reprennent la même technique que celle du peintre. Comparez, et vous verrez. C'est exactement ce que l'on retrouve dans *Le Divan Japonais*, l'affiche pour le célèbre café-concert.

Sur scène, la chanteuse aux gants se prénomme Yvette Guilbert. Et au premier plan, la jeune femme rousse dans sa longue robe noire, c'est Jane Avril, une autre vedette montmartroise. Observez-la bien : Lautrec n'a dessiné aucun détail. Sur sa robe, ni plis ni boutons. Sur son visage, pas de ride, mais pas de pommettes non plus. Seule la ligne de contour sépare les différents éléments de la scène. Sur l'affiche du chanteur *Caudieux*, la technique reste la même. Les figures et le décor sont très stylisés. Toulouse-Lautrec choisit en revanche un cadrage osé, qui coupe une partie de la scène et les jambes du chanteur. En quelques traits et très peu de couleurs, il fait la synthèse de tout ce que l'on peut voir sur les scènes de Montmartre. Mission réclame accomplie !

Henri de Toulouse-Lautrec, *Caudieux*, 1893.
Lithographie en quatre couleurs, 130 x 95 cm.
Albi, musée Toulouse-Lautrec.

Henri de Toulouse-Lautrec, *Le Divan Japonais*, 1892. Lithographie au crayon et au crachis en quatre couleurs, 80 x 60 cm. Albi, musée Toulouse-Lautrec.

Henri de Toulouse-Lautrec, *Paul Sescau, Photographe*, 1894.
Lithographie au pinceau, au crayon et au crachis, 60 x 80 cm. Albi, musée Toulouse-Lautrec.

Henri de Toulouse-Lautrec, *La Chaîne Simpson*, 1896.
Lithographie en trois couleurs, 88 x 124 cm. Albi, musée Toulouse-Lautrec.

ACHETEZ, ACHETEZ, MESSIEURS DAMES !

La réclame, on la retrouve aussi dans les pages des nombreux journaux qui inondent la capitale. Pour les commerçants, c'est l'occasion de se faire connaître. Et quoi de mieux pour se distinguer qu'une belle réclame signée Toulouse-Lautrec, avec ses couleurs si vives et ses images audacieuses ? C'est pour cela que le photographe Paul Sescau lui commande cette publicité. La version conservée à Albi, avec la femme portant un masque jaune, et une autre au fond domptant un animal, est une pièce unique. Dans la version que l'on retrouve le plus souvent dans les journaux, la dompteuse et l'animal sont absents. Le style reste proche de ses affiches de café-concert.

Avec *La Chaîne Simpson*, Toulouse-Lautrec va encore davantage à l'essentiel. Comme ambassadeur de sa chaîne de vélo, l'entreprise Simpson a choisi un cycliste professionnel : Constant Huret. C'est lui qui pédale sur la gauche. Un homme connu et trois couleurs primaires, du bleu, du jaune, du rouge, le tout sur un fond beige, quoi de plus simple ? C'est justement cette simplicité qui permet à Lautrec de bouleverser l'art de la réclame. Un seul coup d'œil et la voilà gravée dans notre rétine. Difficile à oublier pour le consommateur. Toulouse-Lautrec, un publicitaire révolutionnaire !

Henri de Toulouse-Lautrec, *La revue blanche*, 1895.
Lithographie au pinceau, au crachis et au crayon en quatre couleurs, 130 x 95 cm.
Albi, musée Toulouse-Lautrec.

UNE REVUE
PAS COMME LES AUTRES

La revue blanche est une publication mensuelle artistique et littéraire, éditée à Paris par les frères Natanson. Elle encourage les nouveaux talents et c'est tout naturellement que les éditeurs commandent une réclame à leur ami Toulouse-Lautrec. La jeune femme que l'on voit ici, c'est Misia Natanson, l'épouse de l'un des éditeurs. Avec sa robe originale, sa grande étole de fourrure et son chapeau à plumes, elle incarne l'élégance et le raffinement des lecteurs de la revue. Penchée vers l'avant, elle semble fendre l'affiche. Le mouvement de son bras gauche accompagne le texte dont la taille diminue progressivement. Tout est équilibré. Sa robe bleue fait écho à la couleur de l'encre choisie pour le titre. Plus encore que dans les œuvres précédentes, Toulouse-Lautrec a bien compris que le texte pouvait être aussi important que l'image dans une publicité. Il joue donc sur la simplicité des couleurs et des formes pour le mettre en valeur. C'est sans doute pour cette raison que cette réclame a connu autant de succès. Parmi toutes celles commandées par la revue, c'est l'une des plus célèbres. Pas un hasard, quand on sait que Lautrec a travaillé sur plusieurs dizaines de publicité dans sa carrière. Et à chaque fois, il en surveille la moindre étape : le grain de la pierre, la qualité du papier, le nombre d'épreuves tirées… Ainsi, il a réussi à abolir les frontières entre art et réclame. Après être passée par la rue, les journaux ou la télé, la publicité peut désormais entrer au musée.

Émilie Martin-Neute

ALBI

Loin de Montmartre, c'est à Albi qu'est né Henri de Toulouse-Lautrec. Ses parents y possèdent un véritable hôtel particulier : ce sont des nobles, dont les ancêtres ont même participé aux croisades ! C'est également à Albi que sont inaugurées en 1922 les galeries Toulouse-Lautrec.

BOHÊME

À 18 ans, le baccalauréat en poche, Lautrec est enfin libre dans Paris. Loin du sud et de sa famille, il mène une vie de bohème. Il n'a d'autres ambitions que de peindre et de faire la fête dans les cabarets, les bals, les lieux de plaisir de Montmartre. C'est cet univers qui apparaît dans la plupart de ses peintures.

CABARET

« Eldorado », « Chat Noir », « Mirliton » : nombreux sont les cabarets de Montmartre que Lautrec fréquente. Il y croise des bourgeois aussi bien que des gens plus modestes. Davantage que de simples lieux de fête, ce sont pour l'artiste des postes d'observation qui lui servent à élaborer ses œuvres.

DEGAS

Toulouse-Lautrec considère Degas comme son maître. Il s'est beaucoup inspiré de sa technique aux couleurs et aux pastels, mais aussi de ses thèmes de prédilection. La grande différence entre eux ? Les œuvres de Lautrec sont profondément humaines et proches de leurs personnages, là où Degas met souvent de la distance entre lui et ses sujets.

ÉQUITATION

Enfant, Toulouse-Lautrec adore l'équitation au point que les canassons envahissent ses premiers carnets de dessins. Et si à la suite de sa maladie, il doit renoncer à monter, il continue à représenter ses animaux favoris. En témoigne la série de quatre planches qu'il réalise en 1899 et qui fait partie de ses dernières œuvres.

FEMMES

Qu'il s'agisse de la Goulue, de Valadon, de Jane Avril, d'Yvette Guilbert ou de Loïe Fuller, les toiles de Lautrec ont immortalisé les femmes les plus extravagantes. Danseuses, trapézistes de cirque, actrices ou artistes, Lautrec s'est toute sa vie entouré des stars de son époque et en a fait les personnages principaux de son œuvre.

GOGH (VINCENT VAN)

C'est en 1886, dans l'atelier du peintre Cormon où ils sont tous les deux élèves, que Lautrec rencontre pour la première fois Vincent van Gogh. Les deux artistes sont assez proches. En 1887, Lautrec réalise un très beau portrait de son ami au pastel, et va jusqu'à provoquer en duel le peintre Henri de Groux qui avait insulté Van Gogh !

HYDROPATHES

Au cabaret du Chat Noir, Lautrec fréquente les écrivains et caricaturistes extravagants du « club des hydropathes » (littéralement, ceux que l'eau rend malades !). Il aime ces artistes dont l'humour, le cynisme et le sens de la dérision lui conviennent tout à fait.

ILLUSTRATIONS

Surtout connu pour ses peintures et ses affiches, Lautrec est aussi un grand illustrateur. Vers 1890, de nombreux écrivains et amis font appel à lui pour mettre en image leurs œuvres : Tristan Bernard, Jules Renard, Clemenceau…

JAPONISME

Avec Van Gogh ou Monet, Lautrec fait partie des artistes d'avant-garde les plus inspirés par l'art japonais, notamment les estampes qu'il collectionne. On en retrouve quelques ingrédients typiques dans ses dessins : cerne noir, couleurs pures et perspective réduite.

LITHOGRAPHIE

Lautrec est l'un des inventeurs de l'affiche moderne. Entre 1891 et 1900, il réalise quelque 325 lithographies et 31 affiches ! Elles le font connaître dans tout Paris et au-delà, puisqu'il réalise même des publicités pour des marques américaines et anglaises.

MAUDIT ?

Handicap, vie pleine d'excès, mort jeune : on a souvent fait de Lautrec un artiste maudit, comparable à Verlaine ou Van Gogh. Ce n'est pas tout à fait exact. Car si la maladie a rendu sa vie douloureuse et compliquée, il n'a jamais été rejeté par ses proches, et son talent d'affichiste a été reconnu dès le début des années 1890.

NABI

Fondé en 1888, le mouvement nabi revendique le droit d'utiliser les couleurs librement. Lautrec n'a jamais appartenu à ce groupe, mais il y a beaucoup d'amis tels que Vuillard, Bonnard ou Maurice Denis. Indépendant, il partage cependant avec eux le goût du japonisme et de la décoration.

OBSERVATEUR

Le génie de Lautrec ? C'est peut-être avant tout son sens de l'observation. Il réussit à saisir avec beaucoup de sensibilité les personnages qu'il représente. « Il vaut mieux le vrai que l'idéal », dit-il d'ailleurs.

PRINCETEAU

Sacré début ! Toulouse-Lautrec a pour premier professeur un peintre animalier sourd et muet, René Princeteau. Il entre dans son atelier en 1882, mais n'y reste pas longtemps : celui-ci lui apprend surtout les rudiments de la peinture, avant de l'envoyer chez un maître plus classique, le peintre Léon Bonnat.

QUASIMODO

La critique a souvent été très dure avec Lautrec. Au lendemain de sa mort, Lepellettier le compare ainsi dans *L'Écho de Paris* à un « gnome monstrueux » et à Quasimodo ! Au contraire, le regard de Lautrec sur les gens les plus modestes de Montmartre a toujours été plein d'empathie et de finesse.

ROUGE

Entre 1890 et 1930, le Moulin-Rouge est l'un des lieux de spectacle les plus célèbres d'Europe. On peut y voir la Goulue et boire en compagnie du futur roi d'Angleterre. C'est aussi le cabaret préféré de Lautrec, pour lequel il a réalisé de nombreuses affiches. Et deux de ses plus grandes toiles sont aussi exposées en permanence derrière le comptoir du bar.

SIGNATURE

Lautrec signe ses œuvres avec un monogramme composé de ses initiales, les lettres HTL, insérées dans un cercle. Simple jeu ou clin d'œil à ses influences ? Car sa signature ressemble ainsi à un idéogramme dans un cachet, tel qu'on peut en voir sur les estampes japonaises.

TRÉCLAU

Joueur, Lautrec a utilisé plusieurs pseudonymes au cours de sa vie. Dès 1888, il signe des œuvres « Tréclau », qui est l'anagramme de Lautrec. Au Salon des arts incohérents de 1886, il se présente même sous le nom de « Tolav-Segroeg, Hongrois de Montmartre et élève de Pubis de Cheval » !

UBU

Toulouse-Lautrec illustre fréquemment les programmes des pièces de théâtre. Il participe même à la réalisation de décors, ceux d'*Ubu Roi* par exemple en 1896, pièce à scandale d'Alfred Jarry.

VALADON

Avant d'être l'une des rares femmes peintres d'avant-garde, Suzanne Valadon a été la modèle et la maîtresse de Toulouse-Lautrec, qui lui a aussi donné des conseils de peinture. C'est elle que l'on aperçoit dans certaines toiles comme *La Buveuse*. Celle que Degas, Puvis de Chavannes et Renoir surnommaient la « terrible Maria » a même voulu épouser Lautrec qui s'y est toujours refusé.

WILDE

Non content d'avoir illustré le programme de *Salomé*, une pièce d'Oscar Wilde jouée à Paris en 1893, Toulouse-Lautrec a réalisé un portrait du célèbre écrivain irlandais. Il semble également l'avoir représenté parmi les spectateurs d'un panneau consacré à la Goulue.

ZIG-ZAG

Dès son plus jeune âge, Lautrec dessine ce qui l'entoure dans de petits cahiers d'écolier. On en connaît notamment un, réalisé en 1881 lors d'un séjour à Nice, qu'il nomme le *Cahier de Zig-zag*. On y découvre les qualités d'observation et la maîtrise du dessin que possède déjà le jeune artiste.

Éloi Rousseau

SPECT'ATELIERS

DU DOUBLE JEU AU DOUBLE JE

Henri de Toulouse-Lautrec est un maître du trait. En quelques coups de crayon, il réussit à rendre ses personnages vivants. On essaie ?

IL TE FAUT :

- un rouleau de plastique transparent épais
- des ciseaux
- du Scotch
- 3 marqueurs noirs de différentes épaisseurs
- 3 marqueurs de couleurs et d'épaisseurs différentes

Observe les œuvres de Toulouse-Lautrec, et plus particulièrement son trait. Il semble dessiner avec le pinceau sans jamais s'arrêter. Ses lignes sont fluides, souples et très expressives. Elles se croisent et se superposent pour donner vie à ses portraits en pied. Par équipe de deux, vous allez à votre tour expérimenter le pouvoir des lignes.

1 Chacun découpe un rectangle de plastique transparent d'une taille légèrement supérieure à la sienne, puis la scotche sur une porte vitrée ou une baie vitrée. Comme Lautrec et ses stars préférées des cabarets, vous allez incarner à tour de rôle le dessinateur et l'artiste de scène.

2 Celui qui commence par jouer le danseur ou le chanteur se place derrière le support plastique. Choisis une position et ne bouge plus ! Pendant ce temps, ton camarade de l'autre côté va tracer ton contour avec un marqueur noir. Quand il a fini, inversez les rôles.

3 Ensuite, répétez l'opération à plusieurs reprises en modifiant à peine la position de départ. Vous pouvez utiliser des marqueurs de différentes épaisseurs. En faisant le tour de la silhouette, essayez de ne pas décoller le marqueur du plastique : ainsi, comme dans les dessins de Toulouse-Lautrec, les lignes seront plus fluides. Avec ces traits superposés, on dirait que le personnage bouge, non ?

4 Vous pouvez aller encore plus loin. Scotchez ensemble trois marqueurs de couleurs et d'épaisseurs différentes, puis choisissez chacun une partie de votre dessin que vous souhaitez mettre en évidence. Avec votre triple marqueur magique, répétez ces traits, soulignez-les, amplifiez-les… Votre personnage prend vie, le voilà qui danse !

En vous reculant, vous allez être tous les deux surpris car vous n'allez pas vous reconnaître, alors qu'à l'origine, vous êtes les modèles de vos dessins. Comme il est transparent, le support en plastique s'efface et libère votre personnage qui semble ainsi flotter dans l'air. Vous avez réalisé un autoportrait en mouvement, entre rêve et réalité.

Service des publics du mTL

Henri de Toulouse-Lautrec, *Jane Avril. La « Mélinite » dansant*, 1892.
Huile sur carton, 86,5 x 65 cm.
Albi, musée Toulouse-Lautrec.

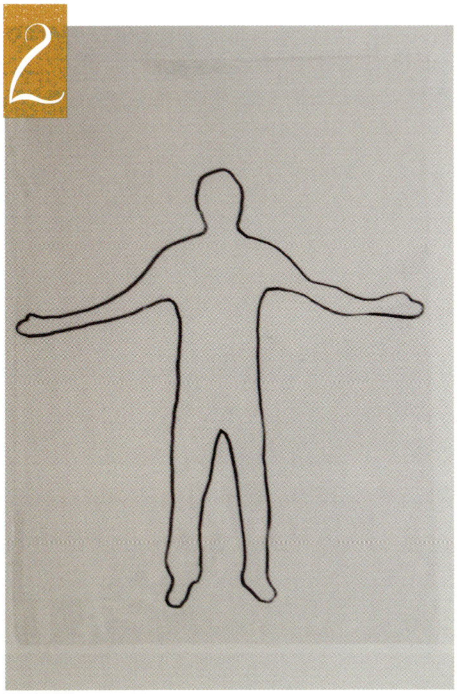

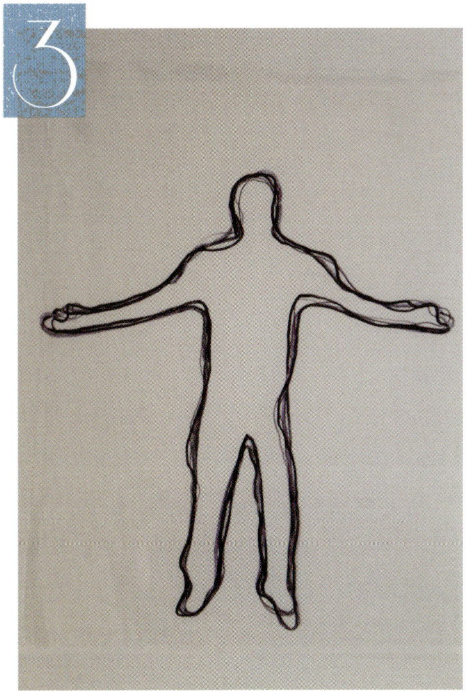

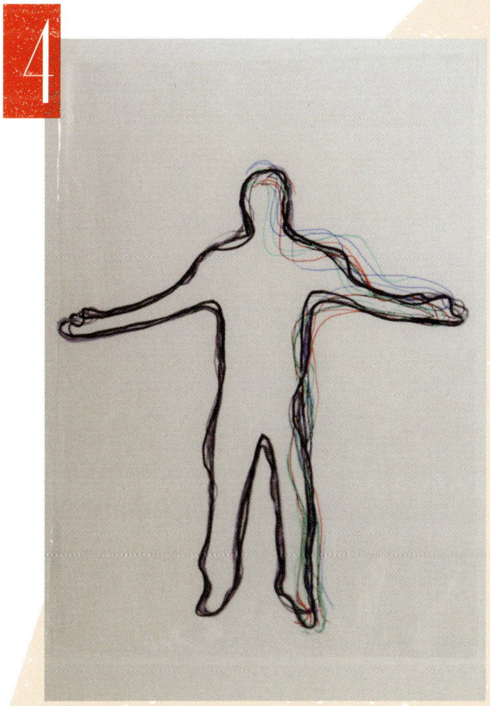

UN PORTRAIT DANS L'HUILE

Chut : Toulouse-Lautrec travaille dans son atelier. On y trouve des crayons et des carnets de croquis, mais aussi des pinceaux et de mystérieuses huiles…

IL TE FAUT :
- un modèle vivant
- de l'huile (olive, tournesol ou lin) ou de l'essence de térébenthine
- un pinceau très fin et un plus large
- du carton ou du kraft marron
- des pastels gras à l'huile
- de l'essuie-tout

Pour tirer ses affiches en de nombreux exemplaires, Toulouse-Lautrec utilise la technique de la lithographie (voir page 27). Mais avant de dessiner sur la pierre, il réalise des esquisses en diluant énormément ses couleurs à l'huile ou à l'essence de térébenthine. Après avoir longuement observé son modèle, il travaille rapidement avec un pinceau très fin puis dispose les couleurs par zone ; et voilà, le tour est joué ! À ton tour maintenant…

1 Demande à ton modèle de prendre la pose et de se tourner vers une source de lumière : ainsi, tu vas créer des contrastes importants entre les zones claires et foncées. Tu peux lui donner des accessoires comme un chapeau ou une pipe.

2 Sur ton support en carton ou en kraft, esquisse le portrait de ton modèle avec un pinceau fin et de l'huile. Le carton fonce naturellement sous chacun de tes traits.

3 Observe les ombres et les lumières sur le visage de ton modèle et autour de lui. Avec le pinceau large, remplis à l'huile les parties ombrées. On voit ici apparaître la silhouette de mon modèle sur le mur.

4 Avec des pastels gras, délimite les zones colorées du personnage mais aussi du fond. Commence simplement par marquer les contours.

5 Puis remplis-les sans mélanger les couleurs. Tu obtiens alors de grands aplats colorés : bleu et jaune pour le fond, rouge pour le chapeau… Comme sur les affiches de Lautrec, ils rendent ton dessin plus facile à lire.

6 Avec le pinceau large, repasse sur les couleurs un peu d'huile (ou de l'essence de térébenthine, comme les pros). Le pastel se dilue. Lisse les contours et ajoute quelques détails au pastel comme les yeux, la bouche ou le collier… Ton esquisse est prête. Il ne te reste plus qu'à trouver une pierre de lithographie pour tirer des centaines d'affiches comme Toulouse-Lautrec !

Sonja de Monchy - Artaloca

1

2

3

4

5

6

aRTUALITÉS

LA PETITE HISTOIRE DU MUSÉE TOULOUSE-LAUTREC

TEXTES STÉPHANE LOIGNON

CHANGEMENT DE PROPRIÉTAIRE !
MALADE JE MEURS JEUNE EN 1901. QUATRE ANS PLUS TARD, LES ÉVÊQUES QUITTENT LA BERBIE. ELLE EST TRANSFORMÉE EN 1922 EN GALERIE LAUTREC GRÂCE À UN DON DE MA MÈRE. ADIEU AUX SOUTANES, BIENVENUE AUX COLLETÉS! L'AUGUSTE ÉDIFICE ACCUEILLE PRÈS D'UN MILLIER DE MES ŒUVRES.
DE NOUVEAUX INVITÉS SE JOIGNENT À LA FÊTE
AU FIL DU XXE SIÈCLE, MES AMIS DES NUITS MONTMARTROISES ME REJOIGNENT. DES ŒUVRES DES NABIS (DENIS, VALLOTTON, BONNARD, VUILLARD) REHAUSSENT DE LEURS COULEURS LES MURS DU PALAIS... LA COLLECTION S'OUVRE AUSSI AUX FAUVES (MATISSE) ET AUX SCULPTEURS (BOURDELLE, MAILLOL).
2012 : NOUVEAU DÉCOR
90 ANS APRÈS SON OUVERTURE, MON MUSÉE AVAIT BIEN BESOIN D'ÊTRE RÉNOVÉ. IL DISPOSE MAINTENANT DE BELLES SALLES D'EXPOSITION TEMPORAIRE, D'UN AUDITORIUM ET D'UN CENTRE DE DOCUMENTATION, COMME LES GRANDS MUSÉES INTERNATIONAUX. UN VRAI DÉFI, CAR L'ARCHITECTURE MÉDIÉVALE DU PALAIS DE LA BERBIE RESTE INTACTE !
marion tigréat

JEU DE MAIN

Au cœur d'Albi, voici une forteresse pleine de trésors. Des peintures, des dessins, des sculptures, des lithographies : le musée Toulouse-Lautrec est la collection publique la plus importante au monde sur l'artiste, dont certaines œuvres demeurent bien mystérieuses…

L'ARTISTE

Maladie, accident, fractures à répétition : le sort semble s'être acharné sur le jeune Henri de Toulouse-Lautrec (1864-1901). À partir de l'âge de 14 ans, ses jambes ne grandissent plus. Mais il ne se laisse pas abattre et travaille, travaille, jusqu'à devenir l'un des plus grands artistes français. Ses œuvres nous racontent toute son époque, de sa jeunesse dans le sud aux folles soirées de Montmartre.

L'ŒUVRE

Comme tu as pu le découvrir en parcourant ce *DADA*, Toulouse-Lautrec est un grand fan de spectacles. Les stars de Montmartre l'inspirent beaucoup, et il les représente souvent dans ses œuvres : debout sur scène, en coulisse en train de se préparer, ou le soir dans leur intimité. Mais sur ce carton, l'artiste a peint une forme noire difficile à identifier…

À TOI DE JOUER !

Drôle de peinture que celle-ci : on dirait une sorte de lave sombre qui s'écoule d'un volcan. Lautrec a visiblement décidé de s'intéresser à un détail, et il n'a pas fini le décor autour. Une forme noire, une tache blanche, et puis c'est tout.

Toulouse-Lautrec a en fait peint un accessoire. Un accessoire tellement marquant que selon lui, cela suffit pour reconnaître la star dont il s'est inspiré. Observe bien cette forme noire : de quoi s'agit-il ? Retrouve ensuite dans ce *DADA* l'artiste qui porte habituellement cet accessoire, et tu pourras résoudre le mystère : qui se cache derrière ce tableau ? Un indice : le peintre a même commencé à écrire son prénom quelque part dans un coin de l'image…
Solution en page 51.

EXPOSITIONS ET ATELIERS

LA CITÉ DE LA MODE ET DU DESIGN

Mais quel est donc que cet étrange bâtiment aux allures de serpent, affalé sur une structure de béton, au bord de la Seine ? Beaucoup de Parisiens se sont déjà posé la question… Et voici la réponse : la Cité de la mode et du design. Jusqu'ici, elle n'accueillait que les étudiants du prestigieux Institut français de la mode. Mais depuis avril, elle a ouvert ses portes au grand public, avec près de quatre ans de retard. En déambulant sur la vaste terrasse de bois qui sert d'axe principal, vous découvrirez deux expositions contiguës, organisées par le musée Galliera. La première et la plus intéressante est consacrée à Cristóbal Balenciaga (1895-1972). Inutile d'être un grand connaisseur de mode pour être ébloui par la finesse des robes de soirée, ensembles de cocktail et autres manteaux du styliste espagnol. « Un bon couturier doit être architecte pour les plans, sculpteur pour la forme, peintre pour la couleur, musicien pour l'harmonie et philosophe pour la mesure » disait Balenciaga. C'est tout à fait ce que l'on ressent face à ses œuvres. Pour mieux comprendre le processus créatif du couturier, les pièces de haute couture sont associées à des costumes traditionnels espagnols, des carnets de croquis et des photos issus de sa collection personnelle.

Dans la salle adjacente, changement d'univers : l'exposition « White Drama » dévoile une trentaine de robes blanches en satin et en soie, qui forment la collection printemps-été 2012 de Rei Kawakubo (fondatrice de Comme des Garçons). Naissance, mariage et mort sont les thèmes de ces modèles quasi monochromes, regroupés par quatre sous des bulles gonflables, ce qui donne un aspect assez lunaire à la scénographie… À noter : la Cité propose aux plus jeunes des ateliers apprenti styliste et des visites contées, suivies d'un atelier d'écriture.

Du 13 avril au 7 octobre 2012 pour les deux expositions. PARIS XIIIe. Cité de la mode et du design, 34, quai d'Austerlitz. 01 76 77 25 30. www.paris-docks-en-seine.fr

ANNETTE MESSAGER

CONTINENTS NOIRS

Récompensée par le Lion d'or de la Biennale de Venise en 2005, Annette Messager fait partie des plus grands artistes contemporains en exercice. Ses œuvres récentes font l'objet d'une grande exposition au musée d'Art moderne de Strasbourg. Au programme : installations monumentales et miniatures, dans une ambiance mi-inquiétante, mi-ludique.

Du 13 octobre 2012 au 3 février 2013. STRASBOURG. Musée d'Art moderne et contemporain, 1, place Hans-Jean Arp. 03 88 23 31 31. www.musees.strasbourg.eu

EXILS, RÉMINISCENCES

ET NOUVEAUX MONDES

Quel point commun entre des peintres aussi différents que Picasso, Chagall et Léger ? Tous trois ont connu l'exil, qui a nourri leurs œuvres. Trois expositions organisées dans les Alpes-Maritimes nous le rappellent, sous des angles différents : la réminiscence à Nice (avec notamment Chagall, Brancusi, Kandinsky, Masson, Miró), le regard vers l'avenir à Biot (Léger, Arp, Mondrian) et la condition contemporaine de l'exilé à Vallauris (Picasso, Melik Ohanian).

Du 23 juin au 18 octobre 2012. NICE (musée Marc Chagall), BIOT (musée Fernand Léger), VALLAURIS (musée Pablo Picasso). http://www.musees-nationaux-alpesmaritimes.fr

MANGAPOLIS

Été manga à Angoulême ! Jusqu'à début octobre, la Cité de la BD organise une vaste exposition sur le thème de la ville japonaise dans le manga. Elle est accompagnée de trois expositions parallèles, consacrées à Jirô Taniguchi (l'auteur du superbe *Quartier Lointain*), Dragon Ball (qui a oublié les aventures de Son Goku ?) et *Dreamland* (référence du manga français). Des stages manga et des ateliers de découverte de l'origami, de création de cerfs-volants ou de conception de sushis sont proposés aux plus jeunes.

Du 30 juin au 7 octobre 2012. ANGOULÊME. Cité internationale de la bande dessinée et de l'image, 121, rue de Bordeaux. 05 45 38 65 65. www.citebd.org

PAPUNYA.

AUX SOURCES DE LA PEINTURE ABORIGÈNE

C'est à l'exact centre de l'Australie, en plein cœur du désert, qu'est né un courant artistique majeur et méconnu : celui de Papunya. En 1971, dans cette petite ville, un groupe d'initiés aborigènes a transposé sur des tableaux des peintures rituelles auparavant éphémères. Plus de 200 œuvres et 70 objets créés par des artistes fondateurs du mouvement sont présentés au quai Branly.

Du 9 octobre 2012 au 20 janvier 2013. PARIS VIIe. Musée du quai Branly, 37, quai Branly. 01 56 61 70 00. www.quaibranly.fr

LIVRES ET WEB

CHUTE ET ASCENSION, L'ÉVOLUTION ILLUSTRÉE, DE MICAH LIDBERG, ÉDITIONS NOWBROW PRESS, DÈS 2 ANS, 13 €.

C'était il y a 65 millions d'années : les dinosaures broutaient paisiblement la jungle qui recouvrait la Terre ou se dévoraient entre eux, suivant les lois de la nature. Soudain, pluie de météorites, éruptions, tempêtes… T. Rex, diplodocus et leurs compères disparaissent et de nouvelles espèces prennent possession de la planète, évoluant peu à peu jusqu'au singe, puis à l'homme. Cette formidable histoire – la nôtre – est illustrée de façon magistrale dans ce magnifique « leporello » : un livre qui se déplie en accordéon, formant une longue fresque. Un format idéal pour évoquer l'évolution.

L'ART DES BÉBÉS, ÉDITIONS PALETTE, DÈS 12 MOIS, 9,90 €, 12 P.

Que voit vraiment un bébé, durant les premiers mois de sa vie ? Des formes, des ombres, des contrastes. Mais pas de couleurs. Conçu exprès pour les tout-petits, cet album propose une sélection d'œuvres aux formes simples et à la palette minimale (noir brillant et blanc) : un chapeau de Jean Arp, un chaton d'Alain Séchas ou encore un soleil couchant de Roy Lichtenstein. Coup double : on développe son regard tout en découvrant l'art.

JADIKAN, LIGHTNING PROJECT, DE FRÉDÉRIC-CHARLES BAITINGER, ÉDITIONS CRITÈRES, DÈS 10 ANS, 9,90 €, 72 P.

Connaissez-vous le *light painting* ? C'est l'art de peindre avec de la lumière, en utilisant l'ouverture du diaphragme d'un appareil photo : plus vous le laissez ouvert longtemps, plus ce capteur absorbe de lumière. Ainsi, avec un long temps d'exposition, si vous tracez des formes dans l'air avec un faisceau lumineux, elles apparaîtront sur la photo. Man Ray a été l'un des premiers à utiliser cette technique. Aujourd'hui, le Français Jadikan en a fait sa spécialité. Dans des hangars, des souterrains ou des ruines, il réalise de superbes fresques lumineuses, à la manière des *street artists*. Elles sont reproduites dans ce très bel album, accompagnées d'une interview de l'artiste.

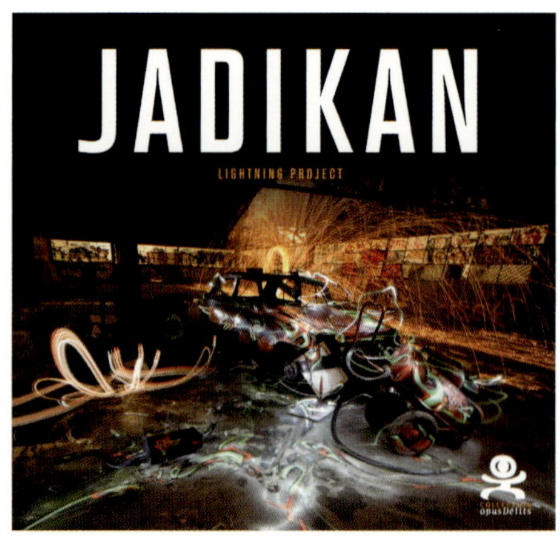

PRINCESSES BAZAR'T ET ROYAL BAZAR'T, DE FRANÇOISE DE GUIBERT, ÉDITIONS ARTLYS, DÈS 6 ANS, 14,50 €, 87 P.

D'Anne de Clèves, la fameuse princesse, à Zénaïde Bonaparte, nièce de Napoléon ; ou encore d'Alexandre le Grand, terrible conquérant macédonien, à Toutânkhamon, célèbre pharaon : découvrez dans ces deux abécédaires les portraits des plus grands souverains de l'histoire. Femmes d'un côté (*Princesses Bazar't*) et hommes de l'autre (*Royal Bazar't*). Les tableaux choisis, signés de grands peintres (comme Goya, David, Titien), sont accompagnés d'un petit texte à la première personne où chaque roi ou princesse résume sa vie et commente son portrait. Royal !

JABBERWOCKY LE DRAGRAGROULA, DE FRANÇOIS DAVID ET RAPHAËL URWILLER, ÉDITIONS SARBACANE, DÈS 5 ANS, 15,50 €, 32 P.

Inspiré de *Jabberwocky*, un poème de Lewis Carroll, l'auteur d'*Alice au pays des merveilles*, cette courte histoire raconte la bataille d'un jeune garçon courageux contre un monstre terrible : le Dragragoula. Drôle de nom pour un dragon ! Tout le récit est ainsi. Les vers se succèdent dans un style enfantin très inventif, empli de néologismes, insufflant un véritable humour à ce conte. Côté illustrations, deux couleurs seulement (rouge et vert), mais habillement superposées par Raphaël Urwiller afin d'accélérer le rythme dans cette histoire à couper le souffle.

GEO CODED ART

Découvrir l'art sous le prisme de la géographie et la géographie sous le prisme de l'art ? C'est l'approche originale de cette base de données qui recense des peintures de paysages d'une quinzaine de zones géographiques dans le monde. Cliquez sur l'Italie et vous voilà face à une vue de Gênes de Camille Corot. Ou à une image du Mont-Blanc, depuis le val d'Aoste, par William Turner. Chaque site représenté est localisé grâce à un lien Google Maps. Unique bémol : la collection n'est pas encore très étendue, d'autant que seules les œuvres tombées dans le domaine public y figurent.

www.geocodedart.com

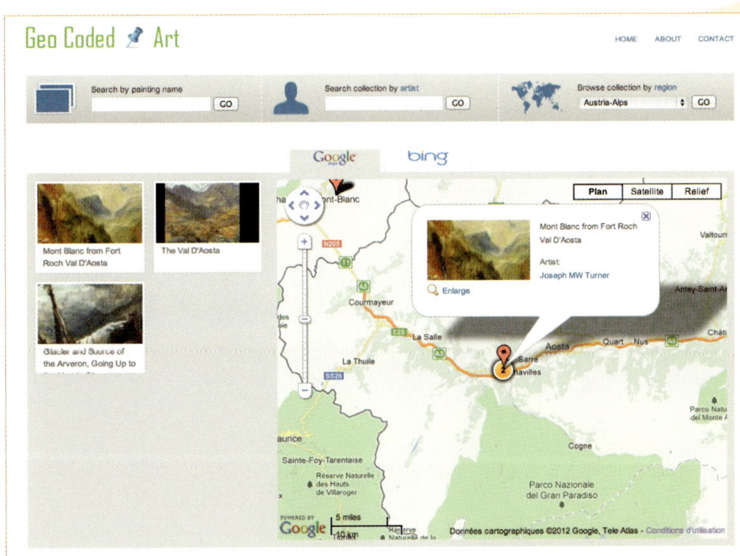

LE MUSÉE RÉINVENTÉ

Au cœur de la cité épiscopale d'Albi, classée patrimoine mondial de l'Unesco, se déploie le Palais de la Berbie. Joyau de l'architecture médiévale, il offre un écrin de briques roses à la plus grande collection publique des œuvres de Toulouse-Lautrec. Tour à tour évêché, prison, bibliothèque et musée, le voici entièrement rénové après 11 ans de travaux. Toute la muséographie a été repensée pour mettre en valeur à la fois les œuvres et le lieu.

Parmi les danseuses et les fêtes endiablées, on parcourt l'œuvre de Toulouse-Lautrec à travers de grandes thématiques : portraits, nuits parisiennes, maisons closes, affiches (l'intégralité de ses 31 créations, accompagnées des dessins préparatoires et des premiers tirages), mais aussi ses œuvres de jeunesse moins connues. Le reste de la collection permanente, aussi, s'est mise à l'heure de Lautrec, en proposant des ponts entre la production de l'artiste et celle de ses contemporains : Bonnat, Vuillard, Sérusier, Bernard… Le tout dans un cadre grandiose, puisque la rénovation a également permis de mettre à jour les pavements médiévaux et de restaurer les plafonds peints du Palais.

Pour vous accompagner, pas moins de six livrets-jeu sont disponibles à l'entrée de l'exposition. Le musée invite également les 6-12 ans à participer, tous les mercredis, à l'atelier « Chahut-couleurs » qui sera consacré au paysage en 2012/2013. Pour réchauffer les vacances d'automne, enfilez vos tenues de cancan et participez à l'atelier « Le son s'affiche ». Vous y découvrirez le lien entre la musique et les techniques de l'affiche à l'époque de Lautrec. Des sessions pour les 4-6 ans et les 7-11 ans sont organisées afin que petits et grands puissent s'approprier chacun à leur manière l'œuvre du grand maître. À vos pinceaux !

Musée Toulouse-Lautrec, place Sainte-Cécile, ALBI.
05 63 49 48 70. www.musee-toulouse-lautrec.com

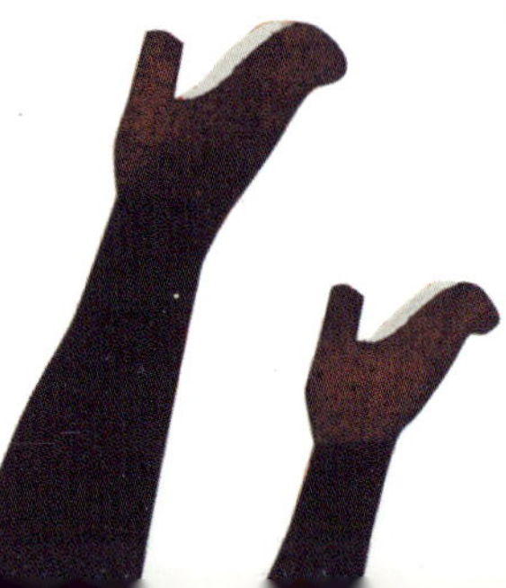